mars 1853.

CATALOGUE

D'UNE COLLECTION

DE

TABLEAUX

ANCIENS,

DES ÉCOLES FLAMANDE ET HOLLANDAISE,

Arrivant d'Allemagne,

Et faisant partie de la Galerie de M. P*** *Berlin*
P[assalagua]
DONT LA VENTE AURA LIEU

HOTEL DES VENTES MOBILIÈRES,

RUE DES JEUNEURS, N° 42,

Salle n. 1,

LES LUNDI 7 ET MARDI 8 MARS 1853, A UNE HEURE.

Par le ministère de M° RIDEL, Commissaire-Priseur,
335, rue Saint-Honoré,

Assisté de M. FERDINAND LANEUVILLE, Expert,
rue Neuve des Mathurins, 73,

Chez lesquels se distribue le présent Catalogue.

EXPOSITION PUBLIQUE

Le Dimanche 6 Mars 1853, de midi à quatre heures.

Exemplaire de Beurdeley père

PARIS

MAULDE ET RENOU,

IMPRIMEURS DE LA COMPAGNIE DES COMMISSAIRES-PRISEURS,
rue de Rivoli prolongée, au coin de celle de l'Arbre-Sec.

—

1853

CONDITIONS DE LA VENTE.

Elle sera faite au comptant.
Les acquéreurs paieront, en sus des adjudications, 5 centimes par franc applicables aux frais de vente.

CE CATALOGUE SE DISTRIBUE

A PARIS,

Chez Me Ridel, Commissaire-Priseur, rue Saint-Honoré, 335.
M. Ferdinand Laneuville, Expert, rue Neuve-des-Mathurins, 75.

DANS LES DÉPARTEMENTS ET A L'ÉTRANGER

DANS LES VILLES SUIVANTES :

Londres............	Colnaghi, marchand d'estampes.
Bruxelles...........	Leroy.
Anvers.............	Verlinden.
Amsterdam.........	Brondgheest.
Dito............	Dewries.
La Haye............	Enthoven.
Rotterdam..........	Lamme.
Vienne.............	Artaria et Ce.
Munich.............	Brulliot, conservateur du Musée.
Saint-Pétersbourg...	Von Regmorter.
Lyon...............	Haet, marchand d'estampes.
Lille...............	Tancé.
Rouen..............	Billard, marchand de curiosités.
Marseille...........	Petit-Bergons.

AVERTISSEMENT.

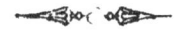

La galerie de M. P., amateur distingué d'une des capitales d'Allemagne, se compose de 318 tableaux anciens de toutes les écoles. Cette collection étant trop nombreuse pour être réalisée dans une seule vente, nous avons cru devoir la diviser en deux catégories :

La première, dont nous publions le catalogue, se compose de 170 tableaux des Ecoles flamande et hollandaise.

La seconde comprendra 148 tableaux des Ecoles française, italienne, espagnole, allemande et anglaise. Cette seconde vente aura lieu les 18 et 19 mars 1853.

Cette galerie de tableaux n'arrivant à Paris que quelques jours avant la vente, nous nous trouvons dans la nécessité, n'ayant pas vu les tableaux, de publier le catalogue tel qu'il nous a été adressé par M. P. ***; et, pour donner une juste idée de la loyauté avec laquelle le propriétaire de cette galerie l'a rédigé, nous ne pouvons mieux faire que de transcrire ici la note dont il a fait précéder ce catalogue :

« Les peintres ont été, je crois, consciencieusement
« attribués; cependant, tout en supposant les avoir
« signalés en connaissance de cause, je ne prétends
« nullement forcer l'opinion des amateurs et connais-
« seurs, je les prie donc de s'en référer, à ce sujet, à
« leur propre jugement. »

CATALOGUE

D'UNE COLLECTION

DE TABLEAUX

ANCIENS

des Écoles flamande et Hollandaise,

Faisant partie de la Galerie de M. le comte de P...

DÉSIGNATION

ABSHOVEN (Théodore).

1 — Intérieur de ferme avec beaucoup de figures et d'animaux.

Toile. — Haut., 1 m. 4 c. Larg., 1 m. 40 c.

ACHEN (Jean Van).

2 — Adoration des bergers.

Bois. — Haut., 0 m 34 c. Lrag., 0 m. 25 c.
Gravé par Jean Sodeler.

AELST (W. Van), signé, daté 1677.

3 — Des pêches, du raisin et des noix placés sur un buffet.

Toile.

ASSELYN (Jean).

4 — Paysage avec ruines, figures et animaux.

Toile. — Haut., 0 m. 59 c. Larg., 0 m. 51 c.

AVONT (Pierre Van den).

5 — Des enfants nus, jouant avec une chèvre.
Bois. — Gravé.

BACKHUYSEN (Ludolph).

6 — Marine. Temps orageux.
Passage d'un navire dans un détroit, des figures au premier plan et une tour sur la rive opposée.
Toile. — Haut. 0 m. 77 c.

BEGA (Corneille).

7 — Un jeune paysan avec un pot à bière dans les mains.
Bois.

BERGHEM (Nicolas), attribué.

8 — Repos d'animaux. Deux pendants.
Bois.

DU MÊME, signé daté 1643.

9 — Port de mer, avec vaisseaux, barques et animaux.
Toile. — Haut., 0 m. 82 c. Larg., 1 m. 20 c.
Ce tableau a été gravé par J.-Ph. Lebas.

BERKEYDEN (Gérard), signé.

10 — Scène de comédiens ambulants ; ils sont près des murs d'une ville, et entourés d'un grand nombre de personnages et d'animaux.
Toile. — Haut., 0 m. 54 c. Larg., 0 m. 63 c.

BLOEMAERT (Henri).

11 — Une jeune dame et un jeune homme faisant de la musique.
Toile. — Haut., 0 m. 63 c. Larg., 0 m. 50 c.

BOL (Ferdinand).

12 — Portrait d'un vieillard à barbe.
Toile. — Haut., 0 m. 50 c. Larg., 0 m. 47 c.

DU MÊME.

13 — Tête d'homme, vue de profil.
Bois.

DU MÊME, attribué.

14 — Un philosophe.
Bois. — Petite dimension. Ovale.

BOTH (Jean).

15 — Paysage avec chute d'eau. Quelques figures.
Bois.

BRAKENBURG (Richard), signé.

16 — Danse villageoise dans l'intérieur d'une ferme.
Toile. — Haut., 0 m. 50 c. Larg., 0 m. 60 c.

DU MÊME.

17 — Même sujet. Pendant du précédent.
Toile. Même grandeur.

BRAMER (Léonard).

18 — Sujet biblique.
Bois. — Haut., 0 m. 48 c. Larg., 0 m. 67 c.

BRAUWER (Adrien).

19 — Un paysan, une pipe à la main. Vu à mi-corps.
Toile.

DU MÊME, attribué.

20 — Deux paysans en gaîté, l'un des deux danse.
Bois.

BREKELINKAMP (Quinrin Van).

21 — Intérieur d'une famille de fileurs.
Bois. — Haut., 0 m. 58 c. Larg., 0 m. 83 c.

BREUGHEL (Jean).

22 — Paysage avec fabrique et quelques figures.
Cuivre. — Haut., 0 m. 28 c. Larg., 0 m. 41 c.

DU MÊME.

23 — Une couronne de fleurs, une corbeille et quelques accessoires.
Bois. — Haut., 0 m. 59 c. Larg., 0 m. 85 c.

BRILL (Paul).

24 — Forêt traversée par un cours d'eau.
Cuivre. — Haut., 0 m. 27 c. Larg., 0 m 34 c.
Figures par Annibal Carrache.

BROECK (Élie Van den).

25 — Fleurs dans un vase posé sur une table recouverte d'un riche tapis.
Toile. — Haut., 0 m. 91 c. Larg., 0 m. 75 c.

BYLERT (Jean), signé.

26 — Une jeune fille tenant une branche avec des feuilles.
Bois.

DU MÊME, signé.

27 — Un jeune homme tenant une flûte. Pendant du précédent.

CRAESBECKE.

28 — Intérieur rustique, avec figures et ustensiles de ménage.
Toile. — Haut., 0 m. 40 c. Larg., 0 m. 55 c.

CUYP (Albert).

29 — Marins avec barques et vaisseaux à la voile. On voit quelques figures sur le premier plan; et à l'horizon la ville de Dordrecht.
Bois. — Haut., 0 m. 32 c. Larg., 9 m. 45 c.

DU MÊME, signé, A. C.

30 — Intérieur d'écurie avec un cheval blanc, sellé et bridé.
Bois. — Haut., 0 m. 34 c. Larg., 0 m. 42 c.

DU MÊME.

31 — Paysage avec un moulin à vent, quelques barques, des figures et des animaux.

Bois. — Haut., 0 m. 46 c. Larg., 0 m. 55 c.

DU MÊME.

32 — Du raisin, des pommes, des poires et d'autres fruits, sont déposés sur une table couverte d'un tapis bleu.

Toile. — Haut., 0 m. 48 c. Larg., 0 m. 60 c.

DU MÊME, (attribué).

33 — Portrait d'une dame, un livre à la main.

Bois. — Haut., 0 m. 64 c. Larg., 0 m. 33 c.

DYCK (Antoine Van), monogramme du peintre.

34 — Portrait d'un vieillard à barbe blanche, il a une toque de velours sur la tête.

Toile. — Haut., 0 m. 40 c. Larg., 0 m. 60 c.

DU MÊME.

35 — Etudes de deux chiens, de son grand tableau des fils de Charles Ier, de la galerie de Dresde. Deux pendants.

Toile. — Haut., 0 m. 48 c. Larg., 0 m. 61 c.

DU MÊME, attribué.

36 — Saint-Sébastien.

Toile. — Haut., 0 m. 86 c. Larg., 0 m. 71 c.

DU MÊME, attribué.

37 — Jésus enfant portant la Croix.
>Toile. — Haut., 0 m. 63 c. Larg., 0 m. 53 c.

DIEPENBECK (Abraham Van).

38 — La Sainte-Vierge et l'Enfant Jésus.
>Toile. — Haut., 1 m. 11 c. Larg., 0 m. 99 c.

DIEST (Adrien Van).

39 — Marine. Temps calme avec vaisseaux et figures.
>Bois. — Haut., 0 m. 47 c. Larg., 0 m. 70 c.

DOU (Simon), signé.

40 — Combat de cavalerie.
>Bois. — Haut., 0 m. 60 c. Larg., 6 m. 83 c.

DUJARDIN (Karel), attribué.

41 — Paysage avec figures et animaux, un bœuf, des chèvres, etc. etc.
>Toile. — Haut., 0 m. 25 c. Larg., 0 m. 34 c.

DU MÊME, attribué.

42 — Paysage avec animaux, chèvres et moutons.
>Bois.

EVERDINGEN (Albert).

43 — Paysage avec chute d'eau, moulins, figures et animaux.
   Toile. — Haut., 1 m. 5 c. Larg., 1 m. 9 c.

DU MÊME.

44 — Paysage montagneux avec cascade sur le premier plan, orné de quelques figures.
   Toile. — Haut., 1 m. 15 c. Larg., 1 m. 5 c.

DU MÊME.

45 — Paysage avec rochers et pièce d'eau.
   Bois.

FALENS (Antoine Van).

46 — Le départ pour la chasse.

  Une note allemande datée de 1771, collée derrière le tableau, indique qu'il vient de la succession du duc Clément de Bavière, archevêque de Cologne.
   Bois. — Haut., 0 m. 48 c. Larg., 0 m. 64 c.

DU MÊME.

47 — L'abreuvoir. Pendant du précédent.
  La même indication est collée derrière le tableau.
  Même grandeur.

FOUQUIÈRES.

48 — Paysage. Vue de Flandres avec figures, par Baudewins.
Toile. — Haut., 0 m. 49 c. Larg., 0 m. 91 c.

FRANCK, FLORE.

49 — Une jeune femme embrassée par l'Amour.
Toile. — Haut., 0 m. 61 c. Larg., 0 m. 48 c.

GRIFF (Adrien).

50 — Nature morte.
Bois.

HAMILTON (Philippe-Ferdinand Van), signé, daté 1736.

51 — Vue d'un haras, avec multitude de chevaux.
Toile. — Haut., 0 m. 95 c. Larg., 1 m. 26 c.

DU MÊME.

52 — Autre haras. Pendant du précédent.
Même grandeur.

HAMILTON (Jean George Van).

53 — Un lièvre suspendu à un arbre.
Bois. — Petite dimension. Ovale.

HEEM (David de), avec monogramme du peintre.

54 — Du raisin, des fraises et un grand verre à moitié rempli de vin blanc.

Toile. — Haut. 0 m. 45 c, Larg., 0 m. 30 c.

HELST (Barthelemy Van der).

55 — Portrait de l'amiral hollandais Egbert Maës, Kortenaer.

Il a été gravé par Blotelingh et cité par Dargenville.
Toile. — Haut., 0 m. 86 c. Larg., 0 m. 72 c.

HEMSKERK (Sébastien).

56 — Concert villageois dans un intérieur rustique.

Toile. — Haut., 0 m. 68 c. Larg., 0 m. 88 c.

HOBBEMA (Minder), signé.

57 — Paysage boisé avec pièce d'eau et quelques figures.

Bois. — Haut., 0 m. 60 c. Larg., 0 m. 71 c.

HONDEKOETER (Melchior).

58 — Deux oiseaux de proie, fondant sur un coq et des poules. Paysage.

Toile. — Haut., 1 m. 18 c. Larg., 2 m. 7 c.

DU MÊME.

59 — Un perroquet, des paons, un canard, un coq, des poules et leurs poussins sont réunis dans la basse-cour d'un château.

Toile. — Haut., 1 m. 72 c. Larg., 1 m. 48 c.

HONTHORST (Gérard), Gherardo della Notte.

60 — Une des stations du Christ. L'insulte.

Toile. — Haut., 2 m. 2 c. Larg., 1 m. 57 c.

HOOGH (Pierre de), signé.

61 — Intérieur d'une famille hollandaise.

Toile. — Haut., 0 m. 81 c. Larg., 0 m. 67 c.

HUGTEMBURG (Jean Van), avec le monogramme du peintre.

62 — Combat de cavalerie.

Toile. — Haut., 0 m. 64 c. Larg., 0 m. 79 c.

DU MÊME, idem.

63 — Même sujet. Pendant du précédent.

Même grandeur.

JANSSENS (Jean), signé.

64 — La princesse Dorothée de Glüchsbourg, seconde femme de Frédéric Guillaume. Elle porte la croix et elle est suivie de deux pages.

Cuivre. — Haut., 0 m. 38 c. Larg., 0 m. 27 c.

JANSSENS (Abraham).

65 — L'Abondance représentée par trois Naïades. Fruits de Sneyders.

Bois. — Haut., 1 m. 14 c. Larg., 0 m. 94 c.

JORDAENS (Jacques).

66 — Tête de Satyre.
> Toile. — Haut., 0 m. 42 c. Larg., 0 m. 30 c.

DU MÊME.

67 — Méléagre et Atalante.
> Toile. — Haut., 1 m. 38 c. Larg., 1 m. 12 c.

DU MÊME.

68 — Bacchus assis près d'un tonneau et buvant.
> Toile. — Haut., 0 m. 75 c. Larg., 0 m. 56 c.

KALF (W).

69 — Divers ustensiles de ménage et de cuisine.
> Bois. — Haut., 0 m. 37 c. Larg., 0 m. 50 c.

KAPELLLE (Jean Van).

70 — Marine temps calme. La mer est couverte de vaisseaux.

KLOMP (Albert), signé, daté 1663.

71 — Des chevaux, des bœufs et des moutons dans un paysage.
> Bois. — Haut., 0 m. 42 c. Larg., 0 m. 55 c.

LE DUC (Jean).

72 — Intérieur de corps-de-garde.
> Bois.

LELIE (Adrien de).

73 — Portrait d'une jeune fille.

    Toile. — Haut.. 0 m. 58 c. Larg., 0 m. 45 c.

LINGELBACH (Jean), signé.

74 — Paysage avec figures à cheval et animaux.

    Toile. — Haut., 0 m. 68 c. Larg., 2 m. 93.

LIVENS (Jean).

75 — Saint Jérôme.

    Bois. — Haut., 0 m. 64 c. Larg., 0 m. 49 c.

MARIENHOF.

76 — Adoration des Mages.

    Bois. — Haut., 0 m. 47 c. Larg., 0 m. 63 c.

MEER (Jean Van der).

77 — Paysage avec figures et animaux.

    Toile. — Haut., 0 m. 57 c. Larg., 0 m. 65 c.

METSYS (Quintin).

78 — Un Philosophe.

    Bois. — Haut., 0 m. 66 c. Larg., 0 m. 53 c.

DU MÊME.

79 — Le Christ mort entre les bras de sa mère.

    Bois. — Haut., 0 m. 88 c. Larg., 0 m. 71 c.

METZU (Gabriel), signé daté 1650.

80 — Une jeune dame est assise et lit une lettre, près d'elle est un perroquet perché sur un support, un chien est couché à ses pieds.

Toile. — Haut., 0 m. 63 c. Larg., 0 m. 50 c.

DU MÊME.

81 — Une jeune dame porte un petit chien sur ses bras, et un autre est à ses pieds debout devant elle, un homme jouant du luth est assis auprès. Dans ce dernier le peintre s'est représenté.

Bois. — Haut., 0 m. 45 c. Larg., 0 m. 37 c.

MEULEN (Antoine François Van der).

82 — Marche d'armée.
Bois.

DU MÊME.

83 — Choc de cavalerie. Pendant du précédent.
Bois.

MICHAUD (Théobald).

84 — Paysage : danse champêtre.
Toile. — Haut., 1 m. 40 c. Larg., 1 m. 16 c.

MIERIS (François), signé daté 1672.

85 — Dans un riche intérieur orné de beaux meubles et de statues, une jeune femme est assise près d'un lit et vient d'être saignée au pied ; elle est entourée d'un médecin, d'un chirurgien, d'une jeune fille et d'un petit garçon ; au fond on aperçoit une vieille occupée dans une cuisine.

Toile. — Haut., 0 m. 54 c. Larg., 0 m. 43 c.

DU MÊME.

86 — Un jeune homme et une jeune fille sont attablés un pot et un verre de vin à la main.
Bois.

DU MÊME.

87 — Portrait du peintre dans sa jeunesse.
Bois.

DU MÊME, signé daté 1676.

88 — Portrait d'un artiste.
Bois.

MIÉRIS (Guillaume).

89 — Un jeune homme et une jeune fille sont à table, derrière eux une suivante est debout.
Bois.

MIGNON (Abraham), signé.

90 — Fruits, huîtres et citrons, des coupes et quelques accessoires.

Toile. — Haut., 0 m. 52 c. Larg., 0 m. 41 c.

MOLENAER (Corneille).

91 — Les Joueurs de boule.

Bois.

NEER (Arthur Van der).

92 — Clair de lune : Paysage boisé, avec rivière et figures.

Bois.

NEER (Eglon Van der).

93 — Un jeune Tambour marchant à la tête de plusieurs hommes armés.

Cuivre.

DU MÊME.

94 — Petit Paysage.

Bois. Forme ovale.

DU MÊME.

95 — Halte de voyageurs éclairée par le feu. Effet de nuit.

Bois. — Haut., 0 m. 25 c. Larg., 0 m. 31 c.

NETSCHER (Gaspard).

96 — La Partie de Cartes.

Toile. — Haut., 0 m. 35 c. Larg., 0 m. 27 c,

DU MÊME.

97 — La Partie d'Echecs. Pendant du précédent.

Même grandeur.

D'après une note allemande, collée sur l'un de ces tableaux, ils ont été gravés par Lépicier.

NEVEU (Matthieu), signé Naiveu, daté 1702.

98 — Un Repas.

Toile. — Haut., 0 m. 32 c. Larg., 0 m. 37 c.

OSTADE (Adrien Van).

99 — Intérieur d'un ménage rustique.

Bois.

OSTADE (Adrien), attribué, signé.

100 — Intérieur villageois, éclairé par deux jours différents.

Bois. — Haut., 0 m. 44 c. Larg., 0 m. 54 c.

Ce tableau est d'une finesse d'exécution qui n'est pas habituelle à ce maître.

OSTADE (Isaac).

101 — Un Fumeur.

Bois.

DU MÊME.

102 — La Lecture de la Gazette. Intérieur rustique.
Bois. — Haut., 0 m. 40 c. Larg., 0 m. 60 c.

PALAMEDES (Antoine).

103 — Une société faisant de la musique et jouant aux cartes.
Bois. — Haut., 0 m. 49 c. Larg., 0 m. 65 c.

PEETERS (Bonaventure).

104 — Marine, tempête.
Bois.

PEETERS (Clara).

105 — Un lampe qui vient de s'éteindre, un verre cassé, une tête de mort, etc., etc.
Bois. — Haut., 0 m. 47 c. Larg., 0 m. 65 c.

PINAKER (Attribué à Adam).

106 — Paysage avec chute d'eau; figures et animaux.
Toile. — Haut., 0 m. 70 c. Larg., 1 m. 2 c.

POEL (Egbert Van der).

107 — Paysage. Effet de neige avec figures et animaux.
Bois. — Haut., 0 m. 52 c. Larg., 0 m. 65 c.

POTTER (Signé, daté 1652, Paul).

108 — Trois bœufs et un mouton dans un paysage.

Bois. — Haut., 0 m. 30 c. Larg., 0 m. 34 c.

Lithographié à Hambourg en 1819.

DU MÊME.

109 — Trois moutons.

Toile.

RAVENSTEIN (Jean Van).

110 — Portrait d'homme.

Toile. — Haut., 0 m. 41 c. Larg., 0 m. 36 c.

REMBRANDT (Paul Van Ryn).

111 — Le Christ bénissant le travail.

Bois.

REMBRANDT (Ecole de).

112 — Un Joueur de clarinette.

Toile. — Haut., 0 m. 90 c. Larg., 0 m. 72 c.

ROMBOUTS (Signé Théodore).

113 — Un Moulin et quelques ruines.

Bois. — Haut., 0 m. 53 c. Larg., 0 m. 40 c.

RUBENS (Attribué à P.-P.).

114 — Tête de vieillard. Étude.

>Toile. — Haut., 0 m. 42 c. Larg., 0 m. 36 c.

RUBENS (Ecole de).

115 — Pomone entourée de festons de fruits et de légumes.

>Bois. — Haut., 0 m. 89 c. Larg., 0 m, 54 c.

RUYSDAEL (Signé Jacques).

116 — Paysage boisé, traversé par une rivière, un chasseur anime le tableau.

>Toile. — Haut., 0 m. 32 c. Larg., 0 m. 46 c.

DU MÊME, signé.

117 — Paysage boisé traversé par une rivière, au bord de laquelle est un moulin. Un gros chêne est sur le premier plan.

>Toile. — Haut., 0 m. 38 c. Larg., 0 m. 46 c.

DU MÊME.

118 — Paysage avec rivière et deux moulins.

>Bois. — Haut., 0 m. 40 c. Larg., 0 m. 49 c.

RUYSDAEL (Salomon).

119 — Paysage boisé avec pièce d'eau. Un paysan est dans une barque.

>Bois.

RYSBRAEK (Pierre).

120 — Laboratoire d'un chimiste. Composition de plusieurs figures.
Toile. — Haut., 0 m. 67 c. Larg., 0 m. 83 c.

SAFTLEVEN (Hermann).

121 — Paysage avec figures et animaux.
Bois.

SAFTLEVEN (Corneille).

122 — Moines en prière dans un grotte.
Cuivre.

SAVERY (Roland).

123 — Paysage boisé. Le Christ et quelques animaux.
Bois. — Haut., 0 m. 33 c. Larg., 0 m. 55 c.

SCHALKEN (Godefroid).

124 — Portrait en buste d'un vieillard occupé à lire. Effet de lumière.
Cuivre. Petite dimension. Rond.

SCHLICHTEN (Jean Philippe Van), signé.

125 — Intérieur de cuisine où l'on voit une cuisinière occupée à embrocher une volaille. Elle est entourée de légumes et de casseroles.
Cuivre.

DU MÊME.

126 — Un cuisinier préparant une cuisse de veau. Il est entouré de casseroles, et de divers ustensiles de cuisine. Pendant du précédent.

SCHOONJANS (Antoine).

127 — Portrait d'un vieillard avec une barbe, coiffé d'un turban, et la tête appuyée sur sa main gauche.
Toile. — Haut., 0 m. 82 c. Larg., 0 m. 67 c.

SEGHERS (Gérard).

128 — La Vierge et l'Enfant Jésus.
Bois. — Haut., 0 m. 73 c. Larg., 0 m. 60 c.

STEEN (Jean), signé.

129 — Un avare examinant et pesant ses pièces d'or.
Bois.

STEENWICK (Henri).

130 — Intérieur d'église avec figures.
Bois. — Haut., 0 m. 42 c. Larg., 0 m. 35 c.

STORCK (Abraham).

131 — Port de mer avec vaisseaux et figures.
Toile. — Haut., 0 m. 74 c. Larg., 0 m. 60 c.

TENIERS (David) Jeune, signé.

132 — Le Marchand de cochons. Le peintre s'est représenté, avec son père et son fils, dans les figures qui ornent ce tableau.

Toile. — Haut., 0 m. 55 c. Larg., 0 m. 78 c.

DU MÊME, signé.

133 — Paysan bourrant sa pipe.

Bois.

DU MÊME.

134 — Paysage par un temps d'orage, avec figures.

Bois. — Haut., 0 m. 32 c. Larg., 0 m. 40 c.

DU MÊME.

135 — Dans un intérieur rustique des paysans jouent aux cartes.

Toile. — Haut., 0 m. 42 c. Larg., 0 m. 41 c.

TENIERS (David) Père, avec le monogramme du peintre.

136 — Intérieur rustique, avec figures et animaux.

Bois.

DU MÊME.

137 — Même sujet. Pendant.

Bois.

TERBURGH (Gérard).

138 — Jeune femme assise jouant du luth.
Toile. — Haut., 0 m. 53 c. Larg., 0 m. 38 c.

TILBORGH (Gilles Van).

139 — Paysans et paysannes assis et buvant de la bière.
Toile.

TOL (Dominique Van).

140 — Vieillard à une fenêtre avec un globe.
Bois. — Haut., 0 m. 35 c. Larg., 0 m. 27 c.

TYSSENS (Pierre).

141 — Adoration des Mages.
Toile. — Haut., 0 m. 42 c. Larg., 0 m. 53 c.

VANLOO (François).

142 — Buste d'une jeune fille les bras croisés sur la poitrine.
Toile. — Haut., 0 m. 66 c. Larg., 0 m. 52 c.

VANLOO (Jacques).

143 — Enlèvement des Sabines. Esquisse.
Toile. — Haut., 0 m. 57 c. Larg., 0 m. 70 c.

VELDE (Adrien Van den).

144 — Deux Moutons dans un paysage.
Bois.

DU MÊME.

145 — Deux Chèvres dans un paysage. Pendant du précédent.

Bois.

VELDE (Guillaume Van den), signé.

146 — Marine.

La mer est légèrement agitée; plusieurs vaisseaux sont à la voile.

Bois. — Haut., 0 m. 39 c. Larg., 0 m. 84 c.

VERSCHURING.

147 — Paysage avec figures, chiens de chasse et chevaux.

Bois.

WATERLO (Antoine).

148 — Forêt.

Toile.

WEENINX (J.), signé, daté 1700.

149 — Fleurs et fruits.

Toile. — Haut., 0 m. 56 c. Larg., 0 m. 47 c.

Ce tableau provient de la galerie royale de Schleoszheim, en Bavière.

WENINX (Jean Baptiste), monogramme daté 1659.

150 — Portrait d'une dame.
Bois. — Haut., 0 m. 74 c. Larg., 0 m. 58 c.

Ce tableau a fait partie de la galerie du feu roi de Hollande.

DU MÊME.

151 — Sujet biblique : le Veau-d'Or.
Toile. — Haut., 0 m. 97 c. Larg., 1 m. 12 c.

WINANTZ (Jean).

152 — Paysage boisé, avec pièce d'eau, quelques embarcations, figures et animaux.
Toile. — Haut., 0 m. 71 c. Larg., 0 m. 85 c.

DU MÊME.

153 — Paysage traversé par une petite rivière, avec figures.
Bois. — Haut., 0 m. 54 c. Larg., 0 m. 45 c.

WINANTZ (Jean).

154 — Paysage avec rivière et quelques figures.
Bois.

WITT (Avec le monogramme daté 1660, Emmanuel de).

155 — Mer doucement agitée, couverte de vaisseaux, une ville au loin borne l'horizon.
Bois. — Haut., 0 m. 75 c. Larg., 1 m. 48 c.

DU MÊME.

156 — Le Sauveur appelant à lui les petits enfants.

      Bois. — Haut., 0 m. 52 c. Larg., 0 m. 85 c.

WOUVERMANS (Monogramme du peintre, PHILIPPE).

157 — Un Cheval blanc et trois figures.

      Toile.

WYK (Signé THOMAS).

158 — Halte de bohémiens près d'une fontaine et de quelques ruines.

      Toile. — Haut., 1 m. 14 c. Larg., 0 m. 79 c.

ZORKG (HENRI-MARTIN).

159 — Un Paysan est assis dans un intérieur rustique rempli d'ustensiles de ménage et de cuisine.

      Bois. — Haut., 0 m. 37 c. Larg., 0 m. 50 c.

INCONNUS

des écoles Flamandes et Hollandaises.

160 — Trois tableaux de fleurs. Pendants.

      Toile. — Haut., 0 m. 38 c. Larg., 0 m. 30 c.

161 — Paysage dans la manière d'Hobbema, avec figures.

162 — Portrait d'une jeune femme, avec inscription.
Toile. — Haut., 0 m. 69 c. Larg., 0 m. 55 c.

163 — Sainte Catherine.
Cuivre. Petite dimension.

164 — Portrait d'homme avec moustache.
Toile. — Haut., 0 m. 42 c. Larg., 0 m. 37 c.

165 — Paysage boisé, avec figures et animaux.
Toile. — Haut., 0 m. 27 c. Larg., 0 m. 42 c.

166 — Intérieur de catacombe, effet de lumière. Monogramme inconnu.
Bois.

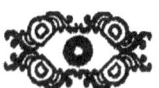

www.ingramcontent.com/pod-product-compliance
Lightning Source LLC
Chambersburg PA
CBHW030105230526
45471CB00003B/1271